Investment Academy

Aktien für Beginner

Aktien für Beginner

Aktien: Gefahr oder Alternative?
Warum auch Neueinsteiger und
Anfänger hohe Gewinne
einfahren können

Ein Buch der Investment Academy

Börse & Finanzen Band 1

BN Publishing

© Investment Academy 2021

ISBN: 978-6-7807-1943-1

Das Inhaltsverzeichnis

DAS INHALTSVERZEICHNIS 1
AKTIEN FÜR BEGINNER EIN VORWORT 5
DAS DEPOT 7
DIE DEFINITION DES ANLAGEZIELS 9
   Welcher Betrag steht zur Verfügung? 9
   Welches Risiko will der Anleger eingehen? 11
   Welche Rendite erwartet sich der Anleger? 12
DIE WAHL DES PASSENDEN WERTPAPIERS 13
   Aktien 15
      Stammaktien 16
      Vorzugsaktien 16
      Namensaktien 16
      Inhaberaktien 17
      Chancen und Risiken 17
      Der Kauf und Verkauf 18
   Anleihen 19
      Chancen und Risiken 20
   CFDs 21
      Chancen und Risiken 22
   Fonds 23
      Chancen und Risiken 24
   Optionsscheine 25
      Chancen und Risiken 25
WIE WIRD DAS DEPOT ZUSAMMENGESTELLT? ... 27
DER AKTIENKAUF 31
DIE STRATEGIEN 33
   Die Dividendenstrategie 33

Die "Dividend Low 5"-Strategie 34
Die Strategie der Relativen Stärke 34
Die Value-Strategie 35
Die Trendfolgestrategie 36
Die Schwergewichtsstrategie 37
Die Daytrader-Strategie 38

DIE AKTIENKENNZAHLEN 39

Das Kurs-Gewinn-Verhältnis - KGV 40
Die Eigenkapitalquote - EKQ 41
Das Kurs-Buchwert-Verhältnis - KBV 43

DIE AKTIENANALYSE 47

Die Fundamentalanalyse 50
Profitabilität/Erträge 51
Die Finanzkraft 52
Die Wachstumschancen 53
Die konjunkturellen und fiskalpolitischen Rahmenbedingungen 53
Die Dividendenrendite 54

DIE TECHNISCHE ANALYSE 55

Charttypen 55
Chartformationen 56
Charteinzeichnungen 56
Indikatoren 56
Zeitintervalle 57
Auf der Suche nach dem passenden Handelsplatz 57

ANFÄNGERTIPPS 61

Wann sollen Aktien verkauft werden? 61
Anleger sollten auch auf passive Investments und Fonds setzen 62
Informationen einholen 63
Anleger sollten nur frei verfügbares Geld investieren 63

AUFTRÄGE LIMITIEREN... 64
DER ANLEGER SOLLTE SICH RENDITE-ZIELE SETZEN 65
SOLLTE DER ANFÄNGER AUF FINANZEXPERTEN HÖREN?65
DER ANFÄNGER SOLLTE SICH ZU BEGINN FÜR EIN
DEMOKONTO ENTSCHEIDEN.. 67

Aktien für Beginner
Ein Vorwort

Aktien: Gefahr oder Alternative? Warum auch Neueinsteiger und Anfänger hohe Gewinne einfahren können

Derzeit gibt es gerade einmal 0,50 Prozent für ein Tagesgeldkonto. Entscheidet sich der Anleger für ein Festgeldkonto, so erhält er - im Zuge einer einjährigen Bindung - einen Zinssatz von durchschnittlich 0,75 Prozent; für dreijährige Laufzeiten gibt es Zinssätze zwischen 1,00 und 1,15 Prozent. Selbst Personen, die sich selbst als risikoscheu bezeichnen würden, interessieren sich immer mehr für Aktien. Schlussendlich sind Sparbücher, Bausparverträge, Fest- oder Tagesgeldkonten keine empfehlenswerten Veranlagungsformen mehr, wenn man auch Geld verdienen will. Die Niedrigzinsphase, die schon seit mehreren Jahren anhält, lässt das Ersparte schrumpfen; ein Ende ist zudem auch nicht in Sicht. Entscheidet sich der Anleger für Aktien, so kann er durchaus höhere Rendite erzielen und sein Vermögen vermehren. Doch sind Aktien tatsächlich gefährlich? Beachtet der zukünftige Aktionär ein paar Tipps und Tricks, so kann das mögliche Risiko sehr wohl gemindert werden. Fakt ist: Wer kurzfristig Geld ansparen möchte, damit er sich in den kommenden Monaten ein neues Auto kaufen kann, sollte nicht unbedingt in Aktien investieren - vor allem dann nicht, wenn der Anleger ein Anfänger ist. In diesem Fall sollte eher ein langfristiger Anlagehorizont verfolgt werden. Daytrader, die auf reine Kursgewinne hoffen und hohe Summen veranlagen, können zwar - innerhalb von wenigen Stunden - hohe Gewinne einfahren, akzeptieren aber auch ein extrem hohes Risiko.

Achtung: Dieses Buch ist lediglich eine Einführung in die Thematik. Und stellt keine Finanz- oder Anlageberatung dar. Der Handel mit Wertpapieren sowie andere Investments birgt immer ein gewisses Verlustrisiko.

Das Depot

Wer Aktien kaufen oder mit anderen Wertpapieren handeln möchte, der braucht zuerst ein Wertpapier- oder auch Aktiendepot. Ein Depot wird entweder bei der Hausbank oder direkt über einen Online-Broker eröffnet. In dem Depot werden dann in weiterer Folge die erworbenen Aktien verwahrt und auch verwaltet. Kauft der Anleger also Aktien, so befinden sich diese in weiterer Folge im Depot und können beobachtet werden. Der Anleger wird aber feststellen, dass es zahlreiche Broker gibt, sodass im Vorfeld ein Vergleich durchgeführt werden sollte. Noch immer gibt es zahlreiche Banken, die horrende Gebühren in Rechnung stellen, wenn der Anleger ein Depot eröffnet. Mitunter können für die Depot- und Verwaltungsgebühren - pro Jahr - um die 30 Euro in Rechnung gestellt werden. Diese Kosten sollten unbedingt vermieden werden, da sie in weiterer Folge den Gewinn schmälern. Online-Broker verzichten oft auf derartige Gebühren. Dennoch muss der Anleger darauf achten, dass das Depot nicht zur Gänze kostenlos ist - es gibt nämlich auch sogenannte Transaktionskosten zu entrichten. Diese fallen beim Kauf und Verkauf von Aktien an - so müssen Börsengebühren (abhängig vom Handelsplatz) oder auch sogenannte Orderprovisionen bezahlt werden. In der Regel handelt es sich um eine fixe Provision, die - je nach Online-Broker - zwischen 3 Euro und 8 Euro betragen kann. Es gibt aber auch volumenabhängige Provisionen.

Tipp: Der Anleger sollte sich für einen Broker entscheiden, der eine kostenlose Kontoführung anbietet und auch keine horrenden Transaktionsgebühren verlangt - nur so kann der Anleger auch mögliche Kosten einsparen, die die Gewinne drastisch schmälern können. Fakt ist: Online-Broker sind weitaus günstiger, wobei sich der Anleger bewusst sein muss, dass er keine Filiale aufsuchen kann und mitunter auch keinen fixen Berater zur Seite gestellt bekommt. Wer also eigenständig Aktien kaufen oder verkaufen möchte, der sollte sich für einen Online-Broker entscheiden. Benötigt der Anleger jedoch immer wieder Hilfe oder fühlt sich wohler, wenn er von einem Berater begleitet wird, sollte es ein Depot bei seiner Hausbank anlegen oder sich für eine Filialbank entscheiden, die nur geringe Gebühren in Rechnung stellt.

Die Definition des Anlageziels

Noch bevor der Anleger die ersten Aktien erwirbt, sollte er ein Anlageziel definiert haben. Bevor es also zu ersten Transaktionen kommt, müssen folgende Fragen beantwortet werden:

Welcher Betrag steht zur Verfügung?

Einsteiger sollten zuerst eher kleinere Beträge investieren. Zudem sollte nur Geld in Aktien fließen, das kurzfristig auch nicht benötigt wird. Kommt es nämlich zu Verlusten, weil sich die Märkte in die "falsche Richtung" bewegen, so muss der Anleger nicht verkaufen, wenn er das Geld benötigt - er kann abwarten und darauf hoffen, dass sich die Märkte wieder in die "richtige Richtung" begeben. All jene, die sich für einen Wertpapierhandel auf Kredit entscheiden, sollten sich immer bewusst sein, dass der Aktienmarkt auch Risiken mit sich bringt, die keinesfalls unterschätzt werden dürfen. Aus diesem Grund kann es keinesfalls empfohlen werden, wenn Anleger einen Kredit aufnehmen, mit dem danach Aktien erworben werden sollen. Diese Strategie ist äußerst gefährlich!

Der Anleger sollte also nur frei verfügbares Kapital einsetzen, das er demnächst nicht benötigt, sodass es zu keinen Notverkäufen kommt, sofern unvorhergesehene Rechnungen zu begleichen sind oder mitunter Anschaffungen fällig werden, mit denen im Vorfeld nicht gerechnet werden konnte. Der Anfänger sollte also keinesfalls sein gesamtes Vermögen in Aktien investieren - auch dann nicht, wenn er "sichere Tipps" bekommen hat, wie er sein Geld vermehrt. In der Regel empfehlen Finanz- und Anlageexperten 20 Prozent des Vermögens. Besitzt der Anleger also ein Vermögen in der Höhe von 20.000 Euro, so sollte er maximal 2.000 Euro in Aktien stecken.

Welches Risiko will der Anleger eingehen?

Entscheidet sich der Anleger für Aktien, so geht er auch ein gewisses Risiko ein, weil "sichere Tipps" nicht automatisch auch Gewinne bedeuten. Der Anleger muss also immer wieder mit Kursrückgängen rechnen. Da die Aktienkurse schwanken, so können 5.000 Euro, die vor wenigen Wochen in Aktien investiert wurden, plötzlich schon einmal einen Wert von 10.000 erreichen. Natürlich ist auch die andere Richtung möglich - aus den 5.000 Euro sind plötzlich 2.100 Euro geworden. Je höher also die Chance des Wertpapiers, desto größer ist natürlich auch das Risiko. Auch wenn es keine sicheren Wertpapiere gibt, so kann das Risiko eines Verlusts gemindert werden, wenn sich der Anleger für stabile Aktien entscheidet. Hier sind zwar keine hohen Kursgewinne zu erwarten, jedoch muss der Anleger auch keine Angst vor möglichen Verlusten haben. Am Ende profitiert er durch die Dividendenausschüttungen.

Welche Rendite erwartet sich der Anleger?

Der Anleger muss sich im Vorfeld entscheiden, wie hoch die Gewinne ausfallen sollen - natürlich spielt hier auch der Zeitraum eine wesentliche Rolle. Anfänger sollten immer auf langfristige Renditen setzen - kurzfristige Renditen sind zwar möglich, jedoch müsste der Anfänger in riskante Wertpapiere investieren. Realistisch sind Rendite zwischen 3 Prozent bis 10 Prozent/Jahr! Doch warum scheitern viele Anleger? In erster Linie wollen sie - so schnell wie möglich - hohe Gewinne verbuchen. Vielen Anlegern fehlt auch die Geduld - läuft es nicht wie gewünscht, so werden die Aktien verkauft, ganz egal, ob sie sich im Plus oder im Minus befinden. Der Anleger, vor allem der Anfänger, sollte daher immer ein langfristiges Ziel verfolgen und sich im Vorfeld bewusst sein, dass die Märkte auch immer in die andere Richtung gehen können. Am Ende muss der Anleger nur Geduld bewahren - irgendwann bewegen sich die Märkte wieder in die gewünschte Richtung, sodass Verluste automatisch ausgeglichen werden.

Die Wahl des passenden Wertpapiers

Für welches Wertpapier sollte sich der Anleger letztendlich entscheiden? Ist der Anfänger sicherheitsorientiert oder doch eher risikofreudig? Ob sicher oder hochspekulativ - dem Anleger stehen verschiedene Möglichkeiten zur Verfügung. Wichtig ist, dass er im Vorfeld Informationen einholt, sodass er auch weiß, was ihn erwarten könnte.

Aktien

Ein Unternehmen verfügt in der Regel nicht über genügend finanzielle Mittel, damit in weiterer Folge auch alle Investitionsvorhaben problemlos finanziert werden können. Damit dieser finanzielle Engpass aber nicht um Problem wird, kann sich das Unternehmen für den sogenannten Börsengang entscheiden. Für die Ausgabe von Aktien (Emission) wird neues Kapital aufgenommen. Der Betrag, der von den einzelnen Investoren für die einzelne Aktie bezahlt wird, fließt in weiterer Folge in das Unternehmen - es entsteht also neues Kapital. Im Gegenzug erhält der Investor Aktien - er ist also der Miteigentümer des Unternehmens geworden. Der Aktionär hat somit auch ein Mitspracherecht an zukünftigen Projekten. Das Stimmrecht wird durch die erworbenen Aktien bestimmt - je mehr Aktien der Anleger besitzt, desto gewichtiger ist auch sein Mitspracherecht. Der Börseneinsteiger sollte sich aber bewusst sein, dass es auch unterschiedliche Formen gibt (Aktiengattungen). Die Aktiengattungen unterscheiden sich etwa nach der Übertragbarkeit oder nach dem Stimmrecht.

Stammaktien

Verfügt der Aktionär über sogenannte Stammaktien, so kann er auch an Hauptversammlungen teilnehmen und mitbestimmen, welche Projekte umgesetzt oder welche Investitionen getätigt werden sollen. Je mehr Aktien der Anleger besitzt, desto mehr Einfluss hat er am Ende auch auf die Abstimmungen.

Vorzugsaktien

Vorzugsaktien sind das Gegenstück zu den Stammaktien. Der Anleger verfügt über kein Stimmrecht, darf sich aber über eine bevorzugte Behandlung freuen, sofern Dividenden ausgeschüttet werden. Besitzt der Anleger also Vorzugsaktien, so darf er sich mitunter über eine höhere Dividende freuen.

Namensaktien

Damit der Anleger seine Rechte geltend machen kann, muss er in der Gesellschaft eingetragen sein. Eine derartige Eintragung erfolgt jedoch nur über Wunsch und wird über die depotführende Bank durchgeführt. Im Aktionärsregister werden dann die persönlichen Daten des Anlegers - dazu gehören der Name, das Geburtsdatum und die Anzahl der erworbenen Aktien - vermerkt.

Inhaberaktien

Entscheidet sich der Anleger für Inhaberaktien, so stehen ihm alle Pflichten und Rechte zu, die der Besitz dieser Aktie mit sich bringen kann. Inhaberaktien sind sehr beliebt, da sie problematisch gehandelt werden können - durch einen Kauf oder Verkauf werden die Aktien problemlos an andere Käufer oder Verkäufer übertragen.

Chancen und Risiken

Der Aktionär profitiert von den Kurssteigerungen und erzielt in der Regel höhere Rendite als bei festverzinslichen Anlagen (etwa Anleihen). In vielen Fällen erhalten die Anleger auch eine Dividende, sodass es zu einer Steigerung der Rendite kommt. Werden pro Aktie 2 Euro bezahlt, wobei der Anleger 500 Aktien besitzt, so erhält er eine Extra-Zahlung von 2.000 Euro.

Natürlich hängen der Aktienkurs und die Dividende vom Unternehmenserfolg ab - die Rendite, die im Zuge des Investments erzielt werden kann, kann daher nie sicher vorhergesagt werden. Verbucht das Unternehmen keine Erfolge, so kann es auch zu einem Kursverlust kommen. In weiterer Folge muss der Anleger sogar mit einer negativen Rendite rechnen. Selbst ein Totalverlust ist möglich. Das bedeutet, dass das Geld, das er in das Unternehmen investiert hat, zur Gänze verloren wurde. Ein

Totalverlust tritt jedoch nur selten ein; erst dann, wenn der Anleger alle möglichen Tipps und Tricks ignoriert, steigt die Wahrscheinlichkeit dieses Szenarios.

Der Kauf und Verkauf

Will der Anleger Aktien kaufen oder verkaufen, so kann er diese über einen Börsenplatz erwerben oder veräußern; in vielen Fällen bieten die Online-Broker auch einen außerbörslichen Handel an, sodass der Verkauf über einen Direkthandelspartner und nicht über die Börse erfolgt.

Anleihen

Anleihen sind sogenannte verzinsliche Wertpapiere und haben unterschiedliche Laufzeiten. Zu den Anleihen gehören auch Rentenpapiere, Pfandbriefe oder auch Schuldverschreibungen. Für die Unternehmen sind Anleihen eine zusätzliche Möglichkeit, wie sie zu noch mehr Kapital kommen können. Gemeinden und Länder können die Anleihen herausgeben, damit ein Haushaltsdefizit ausgeglichen werden kann. Banken geben Anleihen in Form von Pfandbriefen oder Schuldverschreibungen heraus, sodass ein Kreditgeschäft finanziert wird. Wird eine Anleihe gekauft, so gewährt man also einen Kredit. Wird die Anleihe in weiterer Folge verkauft, so bekommt der Anleger den Kaufbetrag zurück und erhält zusätzliche Zinsen, die seit dem Kauf erwirtschaftet wurden. Kommt es zu einer Insolvenz des Unternehmens, so wird der Anleger automatisch zum Gläubiger. Ein wesentlicher Unterschied zu Aktien? Die Anleihen sind nicht börsenpflichtig. Der Anleger kann die Anleihen über die Hausbank oder auch über den Online-Broker beziehen. Erwirbt der Anleger Anleihen, so muss er die Transaktionskosten bezahlen. Eventuelle Kursgewinne und Zinserträge sind steuerpflichtig.

Chancen und Risiken

Anleihen sind relativ sicher. Der Anleger darf sich auf Erträge aus der Verzinsung freuen und kann zudem auch von Kursgewinnen ausgehen, die ebenfalls einen positiven Einfluss auf das Kapital haben. Das ist jedoch nur möglich, wenn die Anleihen auch während der gewählten Laufzeit wieder veräußert werden. Wartet der Anleger mit dem Verkauf bis zum Ende der Laufzeit, so erhält er nur das eingesetzte Kapital und den Zinsertrag - er profitiert also keinesfalls von möglichen Kursgewinnen.

Problematisch ist der Umstand, dass das Unternehmen natürlich Insolvenz anmelden kann. In diesem Fall wird der Anleger zum Gläubiger. Der Anleger muss in weiterer Folge davon ausgehen, dass er nicht das gesamte Kapital zurückbekommt. Liegt zudem eine niedrige Verzinsung vor, so kann das Vermögen - sofern die Inflation höher ist - schrumpfen. Ein langfristiger Kapitalaufbau ist daher kaum möglich.

CFDs

"Contract for Difference", sogenannte Differenzkontrakte, die auch als CFDs bezeichnet werden, sind hochspekulative Derivate. Hier spekuliert der Anleger nur auf die Differenz des jeweiligen Kauf- und Verkaufspreises eines Basiswerts. Die Basiswerte sind in der Regel Aktien, können aber auch Devisen, Rohstoffe oder Anleihen sein. Der Anleger investiert also nicht direkt in einen Vermögenswert - er spekuliert nur mit der Kursentwicklung. CFDs sind also derivate Finanzinstrumente, die eine Ähnlichkeit mit Optionsscheinen oder Zertifikaten haben. Die CFDs werden zudem auch nicht über die Börse gehandelt - sie werden von Brokern und Banken zur Verfügung gestellt. Der CFD-Handel ist auch über das Internet möglich. Damit der Anleger mit CFDs handeln kann, muss er ein Depot oder Konto haben, auf das die Sicherheit (Prozentsatz des Transaktionswertes) einbezahlt wird. Diese Sicherheit setzt sich aus der Differenz der Absicherungssumme, dem Kurs, die Transaktionskosten und Finanzierungskosten zusammen. Erträge, die durch den CFD-Handel erwirtschaftet werden, sind steuerpflichtig. Der Vorteil? Durch die geringe Sicherheitsleistung kann mitunter ein Handelsvolumen im vier- bis fünfstelligen Bereich bewegt werden; der Anleger muss gerade einmal 10 Prozent (brokerabhängig) des Gesamtwerts aufbringen. Die Differenz wird vom Broker zwischenfinanziert.

Chancen und Risiken

CFDs sind vor allem für spekulative Anleger geeignet, da durchaus hohe Gewinne möglich sind. Die Gewinne werden durch den Hebeleffekt generiert. Der Anleger muss zudem nur einen Teil des tatsächlichen Basiswerts bezahlen, profitiert aber von der gesamten Kursentwicklung.

Der CFD-Handel sorgt zwar für extrem hohe Gewinne, ist aber sehr riskant, sodass er keinesfalls einem Anfänger empfohlen werden kann. Reicht die einbezahlte Sicherheitsleistung nämlich nicht aus, so kommt es zur gefürchteten Nachschusspflicht - der Anleger muss also den entstandenen Verlust ersetzen, sodass er die Mehrkosten zu tragen hat. Auch wenn es einige Broker gibt, die auf eine Nachschusspflicht verzichten (automatische Stop-Loss-Funktion), so sind CFDs nur sehr erfahrenen Anlegern zu empfehlen.

Fonds

In den Fonds werden die Gelder zahlreicher Anleger gesammelt, die - je nach Investitionssumme - einen entsprechenden Anteil erhalten. Fonds werden in der Regel von erfahrenen Fondsmanagern verwaltet; diese sorgen dafür, dass das Kapital der Anleger ertragreich in Vermögenswerte investiert wird. So kann der Fondsmanager in Rohstoffe, Aktien oder auch Immobilien investieren - am Ende spielt die Ausrichtung des Fonds eine wesentliche Rolle. Mitunter werden auch die einzelnen Vermögenswerte kombiniert, sodass es zu einer breiten Streuung kommt. Die breite Streuung - auch Diversifikation genannt - mindert das Risiko eines Verlusts. Fonds werden von der BaFin - der Bundesanstalt für Finanzdienstleistungsaufsicht - kontrolliert. Die Fondsanteile werden über Broker, Banken oder direkt bei der Fondsgesellschaft gekauft. Der Anleger muss auch hier etwaige Gebühren entrichten, die die Gewinne jedoch schmälert. So gibt es Depotgebühren (einmal pro Jahr) und auch einmalige Kosten zu entrichten, die bei einem Kauf oder Verkauf anfallen. Darunter fallen etwa Ordergebühren oder auch die Transaktionskosten. Alle Einnahmen, die durch einen Fonds erzielt werden, sind steuerpflichtig.

Chancen und Risiken

Fonds werden professionell durch Fondsmanager verwaltet. Des Weiteren muss der Anleger keine hohen Summen investieren - er kann bereits mit wenig Kapital eine breite Streuung erzielen. Der Anleger profitiert also von den Ertragschancen und der Tatsache, dass Fonds relativ risikoarm sind.

Jedoch hängen die Risiken und die Erträge von der Ausrichtung des Fonds ab. Auch hier gilt, dass hohe Gewinnchancen dafür sorgen, dass auch ein erhöhtes Risiko besteht.

Optionsscheine

Zertifikate und Optionsscheine gehören zu den strukturierten Anlagen. Erwirbt der Anleger einen Optionsschein, so erwirbt er auch das Recht, dass er eine Ware verkauft, wobei der Termin des Verkaufs und der Preis des Verkaufs im Vorfeld festgelegt werden. Jedoch ist der Anleger nicht verpflichtet, dass er die Ware auch tatsächlich verkauft. Die Optionsscheine erhält man bei Banken, Online-Brokern oder Sparkassen. Die Käufe und Verkäufe sind auch über die Börse möglich. Die Preise der Optionsscheine werden verbindlich in Form von Geld- oder Briefkursen festgelegt. Briefkurse sind in der Regel niedriger, Geldkurse deutlich höher. Der Vorteil ist, dass der Anleger nur die Depotgebühren entrichten muss - es gibt nur sehr geringe Ausgabeaufschläge oder Verwaltungsgebühren, die im Zuge des Optionsscheinhandels bezahlt werden müssen.

Chancen und Risiken

Optionsscheine ermöglichen sehr hohe Renditen. Der Vorteil liegt darin, dass der Anleger überproportional von den Kursgewinnen profitiert. Doch Optionsscheine sind auch extrem riskant - sie gehören, wie auch die CFDs, zu den sehr riskanten Anlageformen. Am Ende der Laufzeit können nämlich die Kurse derart stark gefallen sein, dass der Anleger einen horrenden Verlust verbuchen muss.

Wie wird das Depot zusammengestellt?

Der Anleger hat seine Anlagenziele definiert, ein Depot eröffnet und weiß, in welche Wertpapiere er investieren möchte? In weiterer Folge stellt sich die Frage, wie er das Depot zusammenstellen soll, damit er das Risiko reduziert.

Anleger werden dann langfristig erfolgreich, wenn sie eine vernünftige und auch kluge Anlagestrategie verfolgen. Natürlich spielt auch die Risikoneigung eine wesentliche Rolle. Während ein sicherheitsorientierter Anleger wohl in Mischfonds oder Anleihen investiert, wird ein risikofreudiger Anleger gerne in Einzelaktien oder auch direkt in Aktienfonds investieren. Am Ende ist aber die Streuung - die Diversifikation - wichtig. So kann der Anleger das Risiko mindern. Wer sein ganzes Geld auf eine Karte setzt, der kann zwar am Ende hohe Gewinne einfahren, muss sich aber durchaus bewusst sein, dass selbst ein Totalverlust eintreten kann.

Investiert der Anleger in Unternehmen, die sich vorwiegend in Wachstumsmärkten befinden, so kann dieses Investment lukrativ sein, da derartige Unternehmen bekannt dafür sind, dass sie ihre Gewinne stark steigern. Natürlich hat dieser Umstand einen erheblichen Einfluss auf den Aktienkurs, der in weiterer Folge steigen kann. Jedoch müssen die Gewinne nicht immer steigen - das Risiko liegt darin, dass das Unternehmen nicht die Erwartungen erfüllt und die Aktienkurse in den Keller fallen. Anders sind die sogenannten "Value-Aktien". Hier handelt es sich um Unternehmen, die sich in etablierten Märkten befinden und schon seit Jahren (oder Jahrzehnten) die Marktführer sind. Auch wenn die "Value-Aktien" nicht so chancenreich sind, so ist das Verlustrisiko gering. Von "Value-Aktien" profitieren vor allem jene Anleger, die sich auf die Dividendenzahlungen konzentrieren. Auch die Dividendenzahlungen haben einen Einfluss auf die Rendite - sie sorgen für eine kontinuierliche Steigerung des Kapitals. Auch wenn der Anleger keine schnellen Gewinne erhält, so darf er sich auf langfristige Rendite freuen, die das Kapital erhöhen. Das Depot könnte folgendermaßen gestaltet sein: Der Anleger investiert 40 Prozent in Value-Aktien, wobei er 10 Prozent in die Immobilienbranche, 25 Prozent in den Elektromobilmarkt und 5 Prozent in Fin-Tech-Unternehmen investiert. 60 Prozent fließen in Aktien, die gute Aussichten haben. Auch hier sollte der Anleger in mehrere Branchen und auch in unterschiedliche Länder investieren. Der Hintergedanke? Die Wahrscheinlichkeit, dass alle Märkte zur selben Zeit schwächeln, ist gering. Hat der amerikanische Immobilienmarkt Verluste eingefahren, sodass jene Positionen um 13 Prozent fallen, die Aktien des asiatischen Elektromobilmarktes und des europäischen Immobilienmarktes aber um insgesamt 25 Prozent zulegen, so befindet sich der Anleger mit 12 Prozent im Plus. Würde das Gesamtvermögen in den amerikanischen Immobilienmarkt investiert worden sein, so hätte der Anleger einen Wertverlust von 13 Prozent erlitten.

Der Aktienkauf

Die Börse ist komplex und durchaus kompliziert. Viele Analysten und Experten, die sich tagtäglich mit den einzelnen Werten befassen, beurteilen in weiterer Folge die Ertragschancen. So werden einige Aktien empfohlen, andere Aktien wiederum derart eingestuft, sodass der Aktionär sie besser nicht kaufen sollte. Problematisch wird es dann, wenn es für Aktien zwei Meinungen gibt - ein Umstand, der immer wieder eintritt. Das liegt auch an der Tatsache, dass die Experten und Analysten andere Ziele verfolgen können. Wer sich für eine langfristige Vermehrung des Kapitals entscheidet, der wird mit Aktien, die eher stabil bleiben, sehr wohl eine richtige Entscheidung getroffen haben; wer einen schnellen Gewinn anstrebt, der sollte auf hochspekulative Aktien setzen. Bevor der Anleger eine Aktie erwirbt, sollte er also Informationen einholen. Ratsam sind die Meinungen von Börsen-Größen wie Benjamin Graham, George Soros, Warren Buffet oder auch Peter Lynch. Natürlich - auch sie müssen nicht immer auf der Siegesstraße sein, haben in den letzten Jahrzehnten aber derart viel Geld mit Aktien verdient, sodass man durchaus die Chance hat, auch als Anfänger ein wenig Geld zu machen. Doch der Anleger sollte nicht nur auf die Ratschläge der Börsen-Größen vertrauen: Aktien sollten nur dann erworben werden, wenn man auch das Unternehmen kennt und auch weiß, wofür das Unternehmen steht, welche Investitionen geplant werden oder wie es in der Zukunft weitergehen soll.

Hat sich der Anleger für eine Aktie entschieden, so muss er entweder den Bankberater kontaktieren oder sein Depot beim Online-Broker besuchen. In weiterer Folge wird der Aktienkurs überprüft - liegt der Kurs bei 4 Euro/Aktie und möchte der Anleger 1.000 Euro investieren, so erhält er rund 250 Aktien. Steigt der Kurs auf 7,20 Euro, so befindet er sich im Plus und darf sich über einen aktuellen Wert von 1.800 Euro freuen. Fällt der Aktienkurs jedoch auf 2,70 Euro, so sind aus den 1.000 Euro plötzlich 675 Euro geworden. Der Anleger sollte sich daher im Vorfeld bewusst werden, wann er die Aktien verkaufen will. Werden die Aktien verkauft, wenn die 2.000 Euro-Marke erreicht wurde? So muss der Anleger bei einem Kurs von 8 Euro/Aktie verkaufen. Wird die Position geschlossen, wenn der Verlust begrenzt werden soll, so ist im Vorfeld zu überlegen, ob bei einem Verlust von 200 Euro oder erst 500 Euro verkauft werden soll.

Die Strategien

In den letzten Jahren sind verschiedene Strategien in den Mittelpunkt gerückt, durch die - so einige Experten - das Kapital "problemlos vermehrt" werden kann. Am Ende spielt es aber keine Rolle, für welche Strategie sich der Anleger entscheidet - alle Strategien haben Vor- und Nachteile. Fakt ist: Es gibt tatsächlich keine Strategie, die Gewinne garantiert und Verluste unmöglich macht - auch "ganz sichere Strategien", die im Internet beworben werden, verhindern keine Verluste.

Die Dividendenstrategie

Folgt man der Dividendenstrategie nach Benjamin Graham, so entscheidet sich der Anleger für eine sehr konservative Strategie. Das heißt aber nicht, dass hier keine Gewinne erzielt werden. Der Anleger investiert in Unternehmen, die hohe Dividendenausschüttungen garantieren. Der Vorteil? Der Anleger konzentriert sich nicht auf die Kursentwicklungen - er richtet sein Augenmerk auf die Dividendenauszahlungen, die in weiterer Folge für den Gewinn sorgen sollen. Heute gibt es bereits eigene Indizes, so etwa den DivDax, in denen die dividendenstärksten Papiere gelistet werden. Hier finden sich die etablierten Unternehmen, Versorger und Konsumgüterproduzenten. Die Dividendenstrategie kann sicherheitsorientierten Anlegern empfohlen werden, die zudem einen langfristigen Anlagehorizont verfolgen.

Die "Dividend Low 5"-Strategie

Entscheidet sich der Anleger für die sogenannte "Dividend Low 5"-Strategie, so wählt er jene zehn Werte aus, die die höchsten Dividenden ausbezahlen - in weiterer Folge entscheidet er sich für fünf Unternehmen, die die niedrigsten Börsenkurse haben. Das mag zwar ungewöhnlich klingen, ist aber - so zumindest die Experten - gewinnbringend. Der Anleger erhält - Jahr für Jahr - Dividendenausschüttungen und darf zudem auch noch auf steigende Kurse hoffen, die die Gewinne in die Höhe treiben. In vielen Fällen wirken nämlich die Aktien, die sehr niedrige Kurse haben, "günstiger" - da viele Anleger lieber in "günstigere Aktien" investieren, so ist die Wahrscheinlichkeit groß, dass es auch zu einer Wertsteigerung kommt. In den letzten Jahren wurde diese Strategie immer beliebter - das heißt aber nicht, dass sie auch in naher Zukunft funktionieren wird.

Die Strategie der Relativen Stärke

Bei dieser Strategie handelt es sich um eine Aktienstrategie, die in der Vergangenheit durchaus erfolgversprechend war. Die "Strategie der Relativen Stärke" geht auf Levy zurück. Er war der Meinung, dass Aktien, die einen positiven Trend haben, auch in naher Zukunft steigen werden. Dabei ist die "Relative Stärke" eine Kennzahl, die zeigen soll, wie sich der Aktienkurs zum Vergleichsindex entwickelt. Je größer also die sogenannte "Relative Stärke", desto schneller steigt die Aktie zum Aktienindex. Bei dieser Strategie werden die Werte mit den Werten von anderen Aktien verglichen - der Anleger erhält also einen Überblick über das Kursverhalten und den Gesamtmarkt. Jedoch ist es wichtig, dass betriebswirtschaftliche Kennziffern berücksichtigt werden, sodass der Anleger auch erfährt, wie das Verhältnis des Kurses zu Gewinn, Umsatz, Buchwert und Cash-Flow ist. Mitunter kann es nämlich vorkommen, dass Aktien, die eine "hohe Relative Stärke" aufweisen, bereits deutlich überbewertet sind. Der Aktienkurs steigt also nicht mehr - mitunter kann der Kurs sogar fallen, sodass der Anleger einen Verlust verbuchen muss.

Die Value-Strategie

Die Value-Strategie gehört zu den bekanntesten Aktienstrategien. Sie beruht auf der Graham-Idee und wurde in den letzten Jahren von zahlreichen Investoren optimiert. Auch hier konzentrieren sich die Anleger auf unterbewertete Aktien - die Unterbewertung soll ein langfristiges Kurspotential versprechen. Somit investiert der Anleger in werthaltige Aktien, die jedoch extrem im Kurs steigen können, da das sogenannte Zukunftspotential noch nicht erkannt wurde. Hier hilft eine systemische Analyse, die mit Hilfe der fundamentalen Unternehmenskennzahlen durchgeführt werden kann.

Die Trendfolgestrategie

Entscheidet sich der Anleger für die sogenannte Trendfolgestrategie, so schließt er sich der Schwarmintelligenz der anderen Anleger an. Ein Trend kann über einen längeren Zeitraum anhalten - entscheidet sich der Anleger zu Beginn eines Trends für eine Aktie, so profitiert er von steigenden Kursbewegungen. Verkauft der Anleger am Ende des Trends, so kann er sich über einen stattlichen Gewinn freuen. Wichtig ist, dass der Anleger aber sogenannte Trends erkennt - diese werden über Trendfolgeindikatoren ermittelt. Verluste können durch Stop-Loss-Order begrenzt werden - jeder Trend kann nämlich auch in die andere Richtung gehen, sodass die steigenden Kursbewegungen plötzlich abnehmen und der Kurs abstürzt. Die Trendumkehr ist mitunter der gefährlichste Aspekt dieser Strategie. Die fundamentalen Werte, die für viele Strategien berücksichtigt werden sollten, spielen hier jedoch keine wesentliche Rolle. In vielen Fällen werden grafische und auch mathematische Analysen durchgeführt, sodass der Anleger einen Trend erkennt und auch weiß, wann er die Aktien kaufen und wann er diese wieder verkaufen soll. Auch wenn das Risiko nicht außer Acht gelassen werden darf, handelt es sich - sofern die Trends auch tatsächlich erkannt werden - um eine recht erfolgversprechende Strategie.

Die Schwergewichtsstrategie

Ein schwergewichtiges Unternehmen besitzt eine hohe Marktkapitalisierung und hat dadurch auch mehr Macht und Einfluss gegenüber anderen Unternehmen - derartige Schwergewichtige profitieren durch finanzielle Sicherheit, haben einen gefestigten Umsatz und genießen einen sehr guten Ruf. Entscheidet sich der Anleger für die Schwergewichtsstrategie, so geht er nur ein geringes Risiko ein, muss sich aber des Weiteren bewusst sein, dass die Rendite geringer ist. Das liegt daran, weil Schwergewichte nur selten hohe Kurssprünge erleben. Diese Strategie eignet sich also nur für jene Anleger, die einen langfristigen Anlagehorizont verfolgen und wissen, dass sie die Aktien über Jahre hinweg halten müssen, bis sie einen stattlichen Gewinn einfahren können. Natürlich sind derartige Schwergewichte aber nicht zu 100 Prozent sicher - die Aktienmärkte können sich auch in eine komplett andere Richtung bewegen, sodass die Gefahr besteht, dass auch hier Kurseinbrüche möglich sind. Das Risiko ist aber geringer. Zudem darf der Anleger nicht vergessen, dass die Schwergewichte auch etwaige Verluste verkraften können, sodass es zu einem Anstieg kommen kann, der in weiterer Folge wieder in die Gewinnzone führt.

Die Daytrader-Strategie

Aktienstrategien sind langfristiges - wer kurzfristige Erfolge feiern will, sollte immer auf aktuelle Trends oder auch Entwicklungen achten. Daytrader, die Positionen nur für wenige Stunden besitzen, gehen ein extrem hohes Risiko ein, dürfen sich aber - wenn ihre Vermutungen in Erfüllung gehen – auf hohe Gewinne freuen. Die Daytrader-Strategie kann keinesfalls einem Anfänger empfohlen werden. Einerseits ist die Strategie extrem riskant, andererseits benötigt man einen hohen Einsatz. Verändert sich der Kurs von 5,20 auf 6,00 Euro, so schrumpfen die 1.000 Euro gerade einmal auf 1.152 Euro. Das mag zwar - zumindest auf den ersten Blick - lukrativ wirken, wobei hier natürlich auch etwaige Transaktionskosten abgezogen werden müssen. Zudem besteht die Gefahr, dass der Kurs auch in die andere Richtung gehen kann - so werden, innerhalb von wenigen Stunden, aus 1.000 Euro mitunter nur 576 Euro, sofern der Kurs auf 3 Euro landet.

Fakt ist: Strategien, die angeblich "sicher" sind, gibt es wie Sand am Meer. Der Anleger muss sich aber bewusst sein, dass jede Strategie, ganz egal, wie sicher sie zu sein scheint, ein Risiko mit sich bringt.

Die Aktienkennzahlen

Die Tatsache, dass es extrem viele Aktien gibt, erschwert natürlich den Umstand, dass der Anfänger auch auf das richtige Pferd setzt. In welche Aktien sollte der Anfänger also investieren, wenn er Gewinne verbuchen möchte? Gibt es Tipps und Tricks, wie man Aktien für Einsteiger erkennt? Damit sich der Anfänger im komplexen Börsenumfeld orientieren kann, sodass er auch die passenden Aktien findet, sollte er sich für eine Aktienanalyse entscheiden. So gibt es im Rahmen der Fundamentalanalyse zahlreiche Kennzahlen, die am Ende einen Einblick geben sollen, ob ein Investment lohnenswert wäre oder nicht. Die Kennzahlen helfen auch beim direkten Vergleich der unterschiedlichen Aktien. Am Ende soll der Anfänger die Sicherheit haben, dass er sich für Aktien entschieden hat, die auch Gewinne mit sich bringen. Viele Anfänger werden vermutlich "Angst" haben, wenn sie sich mit den Kennzahlen befassen. Schlussendlich wirken diese komplex - wer jedoch einen genaueren Blick auf die Aktienkennzahlen wirft, der wird relativ schnell erkennen, dass das System nicht ganz so schwer zu verstehen ist. Natürlich haben die Profis hier den Vorteil, dass sie die Aktien schon seit Jahren analysieren und sofort wissen, auf welche Merkmale sie achten müssen. Auch wenn die Kennzahlen in die richtige Richtung gehen, so heißt das aber noch lange nicht, dass sich Erfolge einstellen werden. Die Sicherheit, dass das Investment in die richtige Richtung geht, gibt es einfach nicht - auch dann nicht, wenn man die Kennzahlen miteinander vergleicht und feststellt, welche Aktien empfehlenswert sind und welche mitunter nicht.

Das Kurs-Gewinn-Verhältnis - KGV

Das Kurs-Gewinn-Verhältnis - kurz: KGV - ist die wohl bekannteste Kennzahl, die folgendermaßen gebildet wird:

KGV = der Kurs der Aktie / der Gewinn der Aktie

Zur Berechnung wird der aktuelle Börsenkurs der Aktie und der Gewinn, also die Dividende des Vorjahres oder auch die zu erwartende Dividende, herangezogen. Liegt der Aktienkurs bei derzeit 30 Euro, wobei die Dividende des letzten Jahres 2,00 Euro betragen hat, so ergibt sich in weiterer Folge ein KGV von 15. Würde der Aktienkurs bei 60 Euro liegen und die Dividende bei 3,50 Euro, so gibt es ein KGV von 17,15. Doch was sagt das KGV tatsächlich aus? Das KGV gibt dem Aktionär die Anzahl jener Jahre an, die bei einer konstant hohen Dividendenausschüttung - ab dem aktuellen Zeitpunkt - benötigt würde, damit der Kauf der Aktie vom Unternehmen finanziert wird. Folgt man dem ersten Beispiel, so dauert es also 15 Jahre, bis der ausgeschüttete Gewinn den Preis der Aktie bezahlt hat - beim zweiten

Beispiel wären es über 17 Jahre. Das KGV kann daher folgendermaßen interpretiert werden: Je niedriger das KGV ist, desto schneller sind die Investitionen, also der Kaufpreis der Aktie, durch den Gewinn des Unternehmens bezahlt. Folgt man dieser Formel, so sollten Aktien mit niedrigerem KGV berücksichtigt werden. Der Anleger sollte jedoch beachten, dass die KGVs nicht immer miteinander gegenübergestellt werden dürfen. Das KGV kann nämlich auch schwanken - es kommt somit auf die einzelnen Branchen und auch auf die Gesamtwirtschaft an. Wer sich für diese Kennzahl entscheidet, sollte daher auch die weiteren Unterschiede berücksichtigen, die im Zuge einer Analyse auftreten können. Wer sich nur auf das KGV verlässt, wird mitunter ein paar Faktoren ignorieren, die jedoch wesentlich für den weiteren Erfolg sein könnten.

Die Eigenkapitalquote - EKQ

Die Eigenkapitalquote - kurz: EKQ - ist eine weitere Kennzahl, die gerne zur Analyse für Aktien herangezogen wird. Damit diese Kennzahl bestimmt und in weiterer Folge auch interpretiert werden kann, muss zunächst die Definition des Begriffes Eigenkapital erfolgen. Das Eigenkapital beschreibt sämtliche Mittel, die die Unternehmer zur Verfügung stellen - auch realistische Gewinne, die in weiterer Folge nicht ausgeschüttet werden, bilden das Eigenkapital. Jene Summen verbleiben zu Investitionszwecken im Unternehmen. Es handelt sich also um Gelder, die ausschließlich für das Unternehmen genutzt werden. Abzugrenzen ist dabei das Fremdkapital, das von externen Kapitalgebern zur Verfügung gestellt wird. Dazu gehören etwa Banken, die dem Unternehmen Geld leihen. Das Fremdkapital bildet - in Verbindung mit dem zur Verfügung gestellten Eigenkapital - das Gesamtkapital des Unternehmens. Konzentriert sich der Aktieneinsteiger auf das Eigenkapital, so muss er folgende Formel nutzen, sodass er am Ende eine Übersicht über die Eigenkapitalquote erhält:

EKQ = (das Eigenkapital / das Gesamtkapital) x 100

Hier bestimmt die Eigenkapitalquote den Anteil in Prozent des Eigenkapitals am gesamten Kapital des Unternehmens. Doch was soll die Eigenkapitalquote dem Aktionär sagen, wenn sich dieser für die Aktien der Gesellschaft interessiert? Gibt es eine sehr hohe Eigenkapitalquote, so ist das Unternehmen nur gering verschuldet und hat daher ein deutlich geringeres Insolvenzrisiko. Die Wahrscheinlichkeit, dass das Unternehmen also in finanzielle Schwierigkeiten gerät, ist gering. Aufgrund der Tatsache, dass eine erhöhte Eigenkapitalquote auch dazu führt, dass eine bessere Bonität - also Kreditwürdigkeit - gegeben ist, so besteht die Möglichkeit, dass das Unternehmen auch leichter ein Fremdkapital bekommt und somit weitere Investitionen planen und umsetzen kann. Das Unternehmen ist also durchaus liquid und zukunftsorientiert. Die Eigenkapitalquote sagt also etwas über die finanzielle Stabilität des Unternehmens aus. Je höher die Quote, desto stabiler die finanzielle Situation. Des Weiteren reduziert eine hohe Eigenkapitalquote auch die tatsächliche Abhängigkeit von Kapitalgebern - das Unternehmen hat also noch einen Spielraum, damit eigenständige Entscheidungen getroffen werden können. Dieser Faktor darf keinesfalls außer Acht gelassen werden, wenn sich der Anleger für ein Unternehmen interessiert. Jedoch gilt auch hier: Ist die Eigenkapitalquote hoch, so ist dieser Umstand natürlich positiv - der Umkehrschluss, dass dem Unternehmen jedoch nichts passieren kann, ist jedoch falsch. Sehr wohl können Investitionen oder Umsatzrückgänge dazu führen, dass sich das Eigenkapital reduziert. In weiterer Folge sind auch Unternehmen, die eine hohe Eigenkapitalquote haben, nicht automatisch vor einer Insolvenz geschützt. Die Wahrscheinlichkeit, dass ein derartiges Unternehmen jedoch Insolvenz anmelden muss, ist deutlich geringer. Zudem gibt es - je nach Branche - starke Schwankungen, die ebenfalls berücksichtigt werden sollten, bevor eine Investition geplant wird.

Das Kurs-Buchwert-Verhältnis - KBV

Das Kurs-Buchwert-Verhältnis - kurz: KBV - wird folgendermaßen gebildet:

KBV = der Kurs der Aktie / den Buchwert der Aktie

Der Buchwert des Unternehmens drückt die "Substanz" aus. Somit stellt der Buchwert auch das Eigenkapital des Unternehmens dar. Das Eigenkapital wird in den jeweiligen Quartalsberichten veröffentlicht und gibt dem Aktionär einen Einblick, sodass er das KBV berechnen kann. Das KBV drückt also im Endeffekt das Verhältnis zwischen dem bilanziellen Eigenkapital und der Marktkapitalisierung aus - es kommt also zur Errechnung des Buchwerts. Doch warum können der Buch- und der Marktwert unterschiedlich ausfallen? Der Aktienkurs setzt sich durch Angebot und Nachfrage zusammen. Das Eigenkapital, das jedoch in der Bilanz zu finden ist, orientiert sich nach den Bilanzierungsvorschriften. Das bedeutet, dass es sogar möglich ist, dass der Marktwert des Unternehmens sogar über dem bilanziellen Eigenkapital liegt - das ist auch umgekehrt möglich, sodass der Marktwert unter dem bilanziellen Eigenkapital liegt. Doch was sagen derartige Ergebnisse über das Unternehmen aus und wie sollte sich der Anleger entscheiden, wenn er sich für das KBV entscheidet? Gibt es ein hohes KBV, so darf sich der Anleger durchaus Hoffnungen auf eine sehr positive Entwicklung machen - liegt der Wert jedoch unter 1,0, so könnte die Firma übernommen werden, wobei der bilanzielle Eigenwert nicht erreicht wird. Das wäre - für die Firma und den Anleger - jedoch nicht wünschenswert. Wer die unterschiedlichen KBVs vergleicht, der wird relativ schnell feststellen, dass die KBVs jedoch nicht in allen Branchen miteinander verglichen werden dürfen. Aus diesem

Grund ist es ratsam, wenn es nur branchenähnliche Vergleiche gibt, sodass am Ende auch ein aussagekräftiges Ergebnis erzielt wird.

Fakt ist: Anleger, die sich mit den Aktienkennzahlen befassen, sollten sich nicht nur auf eine Formel verlassen. Wichtig ist, dass nur Aktien erworben werden, die viele positive Kennzahlen beinhalten. Ist der Anleger unsicher, so sollte er sich für eine andere Gesellschaft entscheiden.

Die Aktienanalyse

Bevor sich der Anfänger für Aktien entscheidet, sollte er eine Aktienanalyse durchführen. Analysen sind aber komplex - hier sollte sich der Anfänger zunächst ein Basiswissen aneignen, damit er am Ende nicht nur auf sein Bauchgefühl hören muss. Es gibt Bücher, Zeitschriften und auch Webinare und Tutorials, die einen Aufschluss darüber geben, wie Aktien analysiert werden können. Nur dann, wenn der Anleger auch weiß, welche Chancen und Risiken möglich sind, kann er sich für die richtigen Aktien entscheiden. Doch auch hier gilt: Anleger, die der Meinung sind, dass die Analyse das Risiko zur Gänze reduziert, irren sich - auch dann, wenn Kennzahlen positiv und Analysen gut verlaufen, so gibt es noch lange keine Garantie, dass die Aktien auch tatsächlich Gewinne mit sich bringen. Der Markt kann sich - wie bereits erwähnt - immer in eine andere Richtung begeben. Damit also ein langfristiger Vermögensaufbau erzielt wird, sollte der Anleger wissen, wie die Aktienkurse überhaupt entstehen - dabei sind natürlich wieder einmal Angebot und Nachfrage im Mittelpunkt. Ist der Anleger überzeugt, dass der Wert einer Aktie angemessen und fair ist, so kann er die Aktie erwerben. Auch dann, wenn die Aktie - so der Anleger - über dem tatsächlichen Wert liegt und eine rosige Zukunft vor sich hat, sollte er in die Gesellschaft investieren. Liegt der aktuelle Kurs aber deutlich über dem sogenannten "inneren Wert", so sollten die Aktien in weiterer

Folge verkauft werden. Ist die Nachfrage größer als das tatsächliche Angebot, so steigt der Aktienkurs. Gibt es mehr Anleger, die die Aktien verkaufen, so wird der Kurs in weiterer Folge wieder abstürzen. Auch individuelle Unternehmenssituationen - so etwa die Gewinnentwicklung, die durch externe Einflüsse (politische oder wirtschaftliche Situationen) manipuliert werden kann - können den Aktienkurs beeinflussen. Selbst Trends, die in den einzelnen Branchen jederzeit möglich sind, haben einen Einfluss auf die Aktienpreise. Selbst die Stimmung der Aktionäre kann sich auf die Aktienkurse niederschlagen. Es gibt also viele Faktoren, die am Ende den Aktienkurs eines Wertpapiers bestimmen und in weiterer Folge nach oben klettern oder in den Keller fallen lassen. Können die vielen Einflussfaktoren sind mitunter auch dafür verantwortlich, dass nur wenige Anfänger auch wissen, auf welche Faktoren sie achten müssen, wenn sie sich für den Aktienhandel entscheiden. Damit jedoch die Wahrscheinlichkeit erhöht werden kann, dass der Aktienpreis mit der Zeit nach oben klettert, sollte sich der Anleger mit der Analyse der jeweiligen Aktie befassen. Das Ziel? Es sollten derart viele Informationen generiert und verarbeitet werden, sodass der Anleger weiß, ob er sich für die Aktie entscheiden soll oder nicht. Nur dann, wenn der Anleger die Hintergründe weiß und mitunter eine Ahnung hat, wie es in der Zukunft weitergehen wird, kann er eine fundierte Kauf- oder auch Verkaufsentscheidung treffen. Natürlich wäre ein "Universaltool" wünschenswert, jedoch ist dieses noch nicht im Handel erhältlich.

Selbstverständlich gibt es ein paar Seiten, die mit "ganz sicheren Tools" arbeiten und diese auch anbieten - aber auch hier handelt es sich, wie etwa bei den "ganz sicheren Strategien", um Tools, die zwar hilfreich sein können, aber noch lange nicht garantieren, dass sich die Aktie in die richtige Richtung bewegt.

Dem Anleger stehen zwei Zugänge zur Verfügung, wie er in weiterer Folge eine Bewertung durchführen kann - einerseits gibt es die technische und andererseits die Fundamentalanalyse. Entscheidet sich der Anleger für die Fundamentalanalyse, so werden branchen- und unternehmensspezifische und auch gesamtwirtschaftliche Informationen herangezogen und für die weitere Kauf- oder mitunter Verkaufsentscheidung berücksichtigt. Da die technische Analyse eine grafische Beurteilung des aktuellen und bisherigen Kursverlaufs einer Aktie darstellt, ist hier der Chart von maßgebender Bedeutung. Er hat in weiterer Folge einen Einfluss auf die Entscheidung des Anlegers. Beide Analysen - also die technische oder die Fundamentalanalyse - sollen den Anlegern dabei helfen, dass sie am Ende Rückschlüsse ziehen können, ob sie die Aktie erwerben sollen oder nicht. Wichtig ist, dass zahlreiche Informationen gesammelt werden, die am Ende einen Einfluss auf die Kauf- oder Verkaufsentscheidung haben. Nur dann, wenn sämtliche Daten und Informationen berücksichtigt wurden, kann der Anleger auch vom Kauf oder Verkauf profitieren. Wer auf eine Analyse verzichtet und sich nur auf sein Bauchgefühl verlässt, der braucht am Ende extrem viel Glück, da es keine nachvollziehbaren Erklärungen gibt - hier zählt also nur das Bauchgefühl. Aktien sind jedoch - hier sind sich alle Experten einig - kein Glücksspiel. Das Bauchgefühl ist definitiv kein guter Begleiter oder auch Ratgeber.

Die Fundamentalanalyse

Einer Fundamentalanalyse liegt ein sogenanntes Wertkonzept zugrunde. Die Aussage? Was sich in letzter Zeit bewährt hat, wird natürlich auch in der Zukunft noch Bestand haben. Dieser Ansatz ist definitiv nicht falsch, wenn der Anleger unterscheiden will, ob es sich um ein bewährtes oder doch eher fragwürdiges Unternehmen handelt. Lohnt sich ein Investment in ein beständiges Unternehmen oder sollte lieber riskiert werden? Mit einer Fundamentalanalyse ist es möglich, dass ausgewählte Kennzahlen einen Überblick verschaffen, wie es um die Unternehmensbilanz steht. Das Ziel? Der innere Wert der Gesellschaft wird bestimmt. Liegt die Aktie also unter dem inneren Wert, so sollte diese in weiterer Folge erworben werden. Folgende Details dienen der Beurteilung, wenn die Frage geklärt werden soll, ob die Aktien einer Gesellschaft gekauft werden sollten:

Profitabilität/Erträge

Private Anleger entscheiden sich vorwiegend für das bereits erwähnte Kurs-Gewinn-Verhältnis - kurz: KGV. Dabei wird der aktuelle Kurs durch den zu erwartenden Gewinn der Gesellschaft geteilt. Der Wert, der sich durch diese Berechnung ergibt, sollte niedrig sein. Das Kurs-Umsatz-Verhältnis - kurz: KUV - gibt keinen Einblick über den aktuellen Kurs und somit über den Gewinn - hier wird der Umsatz berücksichtigt. Bei Unternehmensbilanzen werden in der Regel das EBITDA (der Gewinn vor Zinsen, Abschreibungen und Steuern) oder das EBIT (der Gewinn vor Steuern und Zinsen) berücksichtigt. So können die Erträge der Unternehmen verglichen werden, die jedoch verschiedene Bilanzierungsstandards verwenden. Jedoch werden derartige Berechnungen gerne von Experten kritisiert, da EBITDA und EBIT durchaus leicht manipuliert werden können. Selbst dann, wenn die Berechnungen ergeben, dass die Aktie empfehlenswert wäre, muss das nicht der Wahrheit entsprechen, wenn es im Vorfeld etwaige Manipulationen gab.

Die Finanzkraft

Das sogenannte Kurs-Buchwert-Verhältnis - kurz: KBV - drückt die Relation von Buchwert und Aktienkurs aus. Das KBV beschreibt also die Substanz des Unternehmens, wenn mitunter die Tatsache eintritt, dass es keinen Umsatz mehr erzielt. Mittels Eigenkapitalquote - kurz: EKQ - kann problemlos überprüft werden, wie unabhängig ein Unternehmen ist, wenn es kein Fremdkapital bezieht. Ist das Unternehmen finanziell stabil oder mitunter auf externe Geldgeber angewiesen, die dem Betrieb Leben einhauchen? Je höher die Eigenkapitalquote, desto niedriger die Verschuldung - das ist natürlich positiv, da das Unternehmen auf eigenen Beinen stehen kann. Das sogenannte Kurs-Cashflow-Verhältnis - kurz: KCV - kann ebenfalls herangezogen werden, wobei Privatanleger gerne darauf verzichten. Das ist jedoch ein Fehler! Das KCV verrät durchaus einige Informationen, die für den weiteren Verlauf des Aktienkurses von Bedeutung sind! Schlussendlich ist das KCV weniger anfällig für etwaige Manipulationen und präsentiert auch die tatsächlichen Geldflüsse der Gesellschaft. Um das KCV zu berechnen, muss der Aktienkurs in weiterer Folge durch den Cashflow geteilt werden.

Die Wachstumschancen

Die Wachstumschancen können nur ausgesprochen schwer von den Kennzahlen erfasst werden. Ein Indiz: Die Gesellschaft konnte in den letzten Jahren Umsatz und Gewinn steigern - der Anleger kann also davon ausgehen, dass diese Entwicklung anhält, sodass auch in naher Zukunft Gewinne steigen und somit ein noch höherer Umsatz erzielt werden kann. Natürlich gibt es auch innovative Branchen, die zwar gute Wachstumschancen haben, jedoch durchaus riskant sind. Dazu gehören etwa die Märkte für Elektromobilität, 3D-Drucktechnik oder auch Windenergie. Damit die Chancen und Gefahren auch für die Zukunft eingeschätzt werden können, sollte der Anleger nicht nur einzelne Firmen untersuchen - er sollte auch einen Blick auf die Konkurrenz werfen, die sich in derselben Branche befinden.

Die konjunkturellen und fiskalpolitischen Rahmenbedingungen

Es gibt auch die erweiterte Fundamentalanalyse - hier werden auch makroökonomische Aspekte berücksichtigt. Dabei finden vor allem die fiskalpolitischen und konjunkturellen Rahmenbedingungen Berücksichtigung.

Die Dividendenrendite

Die Dividendenzahlungen sind äußerst attraktiv, da hier die Unternehmen die Gewinnanteile an die Aktionäre ausschütten. Auch dieser Punkt wird gerne herangezogen, wenn der Anleger eine Fundamentalanalyse durchführt. Vor allem dann, wenn es sich um einen sicherheitsorientierten Anfänger handelt, der sich vorwiegend auf die Dividendenausschüttungen konzentriert, ist dieser Punkt von erheblicher Bedeutung.

Doch die Fundamentalanalyse steht auch immer wieder im Zeichen der Kritik. Das liegt an der Tatsache, dass nicht die Gesamtdynamik des Marktes berücksichtigt werden kann. Vor allem dann, wenn sich Anfänger mit der Fundamentalanalyse befassen, werden sie immer wieder feststellen, dass viele Aspekte einfach keinen Sinn ergeben. Für Bewegungen, die entgegen der Analyse aufgetreten sind, gibt es kaum Erklärungen, die im Zuge der Fundamentalanalyse auch Sinn machen. Aus diesem Grund ist es wichtig, dass immer wieder Ausstiegspunkte festgelegt werden, sodass der Anleger seinen Verlust mindern kann, wenn sich der Markt doch in die falsche Richtung bewegt. Selbst dann, wenn Kennzahlen berücksichtigt und Analysen durchgeführt wurden, kann nicht garantiert werden, dass es am Ende auch zu Gewinnen kommt.

Die technische Analyse

Die technische Analyse stützt auf die Tatsache, dass die Kapitalmärkte keinesfalls effizient sind und immer wieder für Überraschungen sorgen. Auch dann, wenn eine Rendite erwirtschaftet werden kann, so muss das nicht immer aufgrund von Kennzahlen oder Analysen möglich sein - am Ende spielt auch der Zufall eine nicht zu unterschätzende Rolle. Bei der technischen Analyse spielen grafische Beurteilungen die Hauptrolle. Viele Signale zeigen die Psychologie der Marktteilnehmer. Es gibt, wenn die technische Analyse durchgeführt werden soll, mehrere Elemente, die unbedingt berücksichtigt werden müssen:

Charttypen

Zu Beginn geht es um die Erstellung des Kursdiagramms. Dabei entscheiden sich die Anleger in der Regel um den Linienchart. Sehr beliebt ist auch der sogenannte Kerzenchart - Candlestick-Chart. Die Kerze wird durch einen Körper und einen Docht gebildet - der Körper ist die Spanne zwischen dem Eröffnungs- und dem Schlusskurs, der Docht ist die Bewegung, die darüber hinausgeht. Viele Charttechniker erkennen hier bereits mögliche Zukunftsszenarien, sodass die Aktie in weiterer Folge empfohlen werden kann - mitunter kann auch abgeraten werden.

Chartformationen

Die Idee? Bestimmte Konstellationen sorgen für bestimmte Bewegungen. Doppel- und auch Dreifachhochs sollen die Wende nach unten einleiten. Andererseits sorgen Doppel- und Dreifachtiefs für den gegenteiligen Effekt, sodass es zu einem Kursgewinn kommt. Diese Umkehr kann auch durch die sogenannte "Schulter-Kopf-Schulter"-Formation oder auch die Verwandlung des "V" in ein "U" signalisiert werden.

Charteinzeichnungen

Diverse Linienzeichnungen unterstützen die Analyse von Aktien. Die Kurse scheinen nämlich eine Art Erinnerungsvermögen zu besitzen. Das kann etwa durch die Psychologie der Aktionäre erklärt werden. So werden immer wieder Kurspreise erreicht, die in weiterer Folge eine Trendumkehr bedeuten.

Indikatoren

Zur Kursanalysen können auch weitere Indikatoren verwendet werden. Hier gibt es etwa eine Trendfolge wie auch MACD, gleitende Durchschnitte oder auch Oszillatoren wie Stochastik oder RSI. Des Weiteren stehen Indikatoren zur Verfügung, die die

Volatilität messen und auch Indikatoren, die sich direkt auf die Stärke eines Trends konzentrieren.

Zeitintervalle

Der Candlestick-Chart präsentiert zu jeder Kerze ein Zeitintervall - so wird etwa eine Minute, eine Stunde oder auch ein ganzer Tag präsentiert. Das Zeitintervall wird entsprechend der Handelsfrequenz gewählt. Je kurzfristiger der Handel sein soll, desto kleiner wird die genutzte Zeiteinheit. Profis setzen dabei auf verschiedene Zeitintervalle, sodass sie ein stärkeres Signal erhalten.

Kritiker vertreten die Ansicht, dass die technische Analyse nur wenige objektive Daten heranzieht, die auch tatsächlich gemessen werden können. Fakt ist, dass es kaum harte Fakten gibt, an denen sich die Anleger in weiterer Folge orientieren können. Jedoch kann dahingehend argumentiert werden, dass es sich bei der Charttechnik um eine Prophezeiung handelt - je mehr sich die Teilnehmer danach richten, desto wahrscheinlich wird es auch, dass die Technik auch funktioniert.

Auf der Suche nach dem passenden Handelsplatz

Die Anlagestrategie wurde definiert und die Frage, welche Aktien gekauft werden sollen, wurde bereits beantwortet. Nun muss der Anleger die Aktien auch über die Plattform des Brokers suchen und in weiterer Folge erwerben. Hier benötigt er die sogenannte Wertpapierkennnummer (ISIN oder WKN) oder sucht die Gesellschaft nach Namen. Doch über welche Börse soll das Wertpapier gekauft werden? In Deutschland stehen die Frankfurter Börse, das XETRA-System der Frankfurter Börse und auch mehrere Regionalbörsen (so etwa Berlin, Düsseldorf, Stuttgart, Hamburg und München) zur Verfügung. Zahlreiche Wertpapiere können auch im außerbörslichen Direkthandel gekauft oder verkauft werden. Der Anleger spart sich also die Börsengebühren und auch die Maklercourtage. Aktien können heutzutage also über verschiedene Handelsplätze gehandelt werden. Das Prinzip ist denkbar einfach: Der Anleger stellt eine Preisanfrage für - beispielsweise - 30 Aktien einer bestimmten Gesellschaft. Der Handelspartner übermittelt den unverbindlichen Kauf- oder auch Verkaufspreis. Nun muss der Anleger schnell sein - die Kurse können sich sofort verändern, sodass nach wenigen Sekunden schon ein anderer Preis angeboten wird. Auch Optionsscheine und Zertifikate können direkt über die Bank gehandelt werden. Natürlich will sich der Anleger für den günstigsten Handelsplatz entscheiden. Am Ende sind mehrere Faktoren zu berücksichtigen, die den Handelsplatz teuer oder günstig werden lassen. So ist etwa die geplante Höhe des Investments von Bedeutung. Auch der Spread (Differenz zwischen An- und auch Verkaufskurs) und auch die Courtage (die

Vermittlerprovision des Maklers) haben einen Einfluss. Handelt es sich um Standardwerte, so etwa um DAX-Aktien, so sind die Unterschiede kaum spürbar. Entscheidet sich der Anleger jedoch für Nebenwerte, so ist es wichtig, dass er diese zu einem marktgerechten Preis erwirbt oder verkauft. Entscheidet sich der Anleger für den außerbörslichen Direkthandel außerhalb der Börsenzeiten, so trägt der Direkthandelspartner ein recht hohes Risiko, sodass die Spreads regelmäßiger höher als etwa zu den regulären Börsenzeiten sind.

Anfängertipps

Wann sollen Aktien verkauft werden?

Ein Trader will schnelle Rendite erzielen, ein Anleger will langfristig in namhafte und auch erfolgreiche Gesellschaften investieren und ein Teil der Erfolgsgeschichte werden. Der Anleger, der einen langfristigen Anlagehorizont verfolgt, freut sich über Dividendenausschüttungen und ist zufrieden, wenn die Aktienkurse stabil bleiben. Dennoch muss sich auch der Anleger die Frage stellen, ab wann mitunter das Pferd gewechselt werden sollte - bleibt der Erfolg nämlich aus oder bewegt sich die Aktie in die falsche Richtung, so müssen auch langfristige Investments vorzeitig beendet und in weiterer Folge umgeschichtet werden. Der erfahrene Anleger will seine Gewinne laufen lassen und achtet darauf, dass die Verluste begrenzt werden. Fehler, die Anfänger gerne machen? Der Aktienkurs steigt leicht - der Bestand wird sofort verkauft. Fällt der Aktienpreis in den Keller, so bleibt der Anleger stur und hofft, dass sich der Markt wieder erholt. Natürlich - Anleger brauchen Geduld und sollten nicht sofort verkaufen, wenn die Märkte in die andere Richtung gehen. Jedoch muss sich jeder Anleger die Frage stellen, ob es mitunter Hinweise gibt, dass das Investment keinesfalls mehr erfolgversprechend wird. Der Anleger sollte sich also an richtige Investoren-Legenden orientieren und im Vorfeld Informationen einholen, welche Aktien derzeit beliebt sind oder nicht. Zudem ist es wichtig, dass sich die Anfänger zu Beginn die Frage stellen, bei welchem Verlust die Notbremse gezogen wird oder welchen Gewinn man mit einer Aktie erzielen möchte. Nur dann, wenn im Vorfeld klare Grenzen gesetzt wurden, können Gewinne laufen gelassen und mögliche Verluste begrenzt werden.

Anleger sollten auch auf passive Investments und Fonds setzen

Der Anleger sollte auf passive Investments (Indexzertifikate oder ETF) oder auch auf Investmentfonds setzen. Vor allem dann, wenn das Vermögen langfristig aufgebaut werden soll, sind derartige Wertpapiere eine durchaus empfehlenswerte Alternative. Schlussendlich sind derartige Alternativen recht risikoarm - hier besteht eine doch sehr gute Streuung. Der erfahrene Anleger entscheidet sich aber nicht für irgendeinen Fonds, sondern vergleicht im Vorfeld die zur Verfügung stehenden Möglichkeiten. So achtet der Profi auf ein erfahrenes Fondsmanagement, führt einen Vergleich der zur Verfügung stehenden Fonds durch und wird auch Berechnungen anstellen, wie hoch das tatsächliche Risiko ist. Will der Anleger jedoch nur in einen Index - so etwa in den DAX - investieren, so kann er sich für Indexzertifikate oder auch ETF (Exchange Traded

Funds) entscheiden. Diese bilden den Index 1 zu 1 nach - es gibt kein Fondsmanagement, sodass der Anleger geringere Kosten bezahlen muss, sodass es zu keiner gravierenden Schmälerung des Gewinns kommt.

Informationen einholen

Bevor sich der Anleger für Aktien einer Gesellschaft entscheidet, sollte er im Vorfeld Informationen über den Betrieb, die Konkurrenten und auch über die Branche einholen. Ratsam sind Firmenportraits, Kennzahlen, Berichte des Unternehmens, Analysen und auch die Beurteilungen der Analysten, Charts und auch aktuelle Nachrichten, die sich mit dem jeweiligen Unternehmen befassen. Nur dann, wenn der Anleger im Vorfeld Informationen einholt und auch mehrere Gesellschaften miteinander vergleicht, kann er am Ende auch sicher sein, warum er in das jeweilige Unternehmen investieren möchte.

Anleger sollten nur frei verfügbares Geld investieren

Tages- und Festgeldkonten sind derart unattraktiv, sodass der Anleger eine Alternative sucht. Natürlich sind Aktien interessant. Der Anleger sollte aber tatsächlich nur jene Beträge in Aktien investieren, auf die er in weiterer Folge auch verzichten kann. Einerseits sollte der Anleger keine Notverkäufe durchführen müssen, andererseits ist es wichtig, dass nicht das gesamte Vermögen in Aktien investiert wird. Schlussendlich sollte der Anleger nur dann seine Aktien verkaufen, wenn er am Ende einen Gewinn erzielt - die Aktien also einen guten Kurs erreicht haben. Zudem raten Experten, dass nur 20 Prozent des Vermögens in Aktien investiert werden sollten. Aktien sind - auch dann, wenn der Anleger Informationen einholt und zahlreiche Tipps und Tricks berücksichtigt - riskant. Die größte Gefahr? Der Anleger erleidet einen Totalverlust. Das heißt, dass das Geld, das in Aktien investiert wurde, verloren ist.

Aufträge limitieren

Böse Überraschungen sind möglich, können jedoch durchaus verhindert werden. Wie das möglich ist? Die Order müssen limitiert werden. Der Anleger sollte sich also im Vorfeld für einen Höchstkurs und auch für einen Mindestkurs entscheiden - erreicht die Aktie den Höchstkurs, so wird sie verkauft; landet die Aktie auf dem Mindestkurs, so wird sie in weiterer Folge ebenfalls verkauft. Der Anleger kann also hohe Verluste verhindern.

Der Anleger sollte sich Rendite-Ziele setzen

Will der Anleger einen Teil seines Geldes ansparen und entscheidet sich für ein Sparbuch, so weiß er bereits am ersten Tag, wie hoch der Zinssatz ist. Somit kann er im Vorfeld ausrechnen, wie hoch die Zinserträge nach einem Jahr, nach zwei Jahren oder nach fünf Jahren sein werden. Auch wenn die Aktien nicht mit einem Fixzinssatz ausgestattet sind, so sollte sich der Anleger dennoch im Vorfeld überlegen, welchen Gewinn er erzielen wird. Dabei sind nicht nur die einzelnen Aktien zu berücksichtigen - der Anleger sollte sich auch die Frage beantworten, wie hoch der jährliche Gewinn des gesamten Depots sein soll. Natürlich kann es vorkommen, dass das Ziel nicht sofort im ersten Jahr erreicht wird. Selbst Profis, die schon seit Jahren in Aktien investieren, müssen nicht immer ihre Ziele erreichen. Schlussendlich gibt es immer wieder unvorhergesehene Ereignisse, die die Märkte in die falsche Richtung bewegen können.

Sollte der Anfänger auf Finanzexperten hören?

Anfänger sind immer wieder unsicher und wissen nicht, ob ihre Entscheidungen tatsächlich richtig sind. Fakt ist: Es gibt keine richtigen oder falschen

Entscheidungen - wer die Tipps und Tricks berücksichtigt und sich für Aktien eines Unternehmens entscheidet, der wird am Ende sehr wohl genügend Gründe haben, warum er in die Gesellschaft investieren möchte. Bankberater oder Finanzexperten, die immer wieder Tipps und Tricks geben, wollen natürlich helfen, wobei das nicht bedeutet, dass sie auch immer Recht behalten. Schlussendlich müssen die Bankberater und Finanzexperten auch Vorgaben und Quoten erfüllen, sodass mitunter riskante Aktien empfohlen werden, die - so die Berater - aber "sehr sicher" sind. Auch "heiße Tipps", die sich im Internet finden, müssen nicht immer zum Erfolg führen. Auch Aktien für Anfänger, die garantiert für Gewinne sorgen, gibt es nicht.

Der Anfänger sollte sich zu Beginn für ein Demokonto entscheiden

Viele Broker bieten kostenlose Demokonten an. Der Anleger kann sich zuerst mit der Materie vertraut machen, muss kein echtes Geld einsetzen und kann die Märkte beobachten. Demokonten sind ideal, wenn sich der Anleger noch unsicher ist oder sich erst mit der Plattform des Brokers vertraut machen möchte.